JULIAN PRESS
FINDE DEN TÄTER
Geheimbund Rote Koralle

JULIAN PRESS
FINDE DEN TÄTER

Geheimbund Rote Koralle

cbj

Penguin Random House
Verlagsgruppe FSC® N001967

9. Auflage
© 2007 cbj Kinder- und Jugendbuchverlag
in der Penguin Random House Verlagsgruppe GmbH,
Neumarkter Str. 28, 81673 München
produktsicherheit@penguinrandomhouse.de
(Vorstehende Angaben sind zugleich
Pflichtinformationen nach GPSR)

Alle Rechte vorbehalten
Umschlagbild und Innenillustrationen: Julian Press
Lektorat: Bertrun Jeitner-Hartmann
Umschlagkonzeption: Klaus Renner
MP · Herstellung: WM
Satz und Reproduktion: Uhl + Massopust, Aalen
Druck und Bindung: Alföldi Nyomda Zrt., Debrecen
ISBN 978-3-570-13233-3
Printed in Hungary

www.cbj-verlag.de

Wie immer machten Philipp, Flo und Carolin auf dem Weg zur Schule einen Abstecher zum Süßwarengeschäft in der Taubengasse Nr. 23, um bei Leo ihre Leckereien für die Schulpausen zu kaufen. Auch Kriminalkommissar Lars teilte die Leidenschaft für die Lakritzstangen. Außerdem hatten sie alle eine Vorliebe für ungelöste Detektivfälle. Das Taubenatelier, im ersten Stock über Leos Lakritzladen direkt unter dem ausgebauten Dach gelegen, war Treffpunkt der Lakritzbande.

 Als Ladeninhaber und Detektiv ist Leo auch Kopf der Bande.

 Carolin, kurz Caro, ist sportlich ein Ass und sie kombiniert blitzschnell.

 Kriminalkommissar Lars tüftelt gern am Computer.

 Florentin ist der Kleinste von allen. Deshalb wird er Flo genannt.

 Philipp beherrscht die Vogellaute. Sein treuester Begleiter ist Coco, der Kakadu.

Geheimbund
»Rote Koralle«
1. Ein Fund im Wasser

Auf der Spur nach einem schwarzen Armbrustschützen* war die Lakritzbande in einer geheimnisvollen Tropfsteinhöhle San Poldawiens gelandet. Der Schütze, der sich im Wasser verborgen hatte, tauchte im entscheidenden Augenblick ab. Gebannt starrte die Lakritzbande ihm nach, wie er hinter Stalakmiten im Wasser verschwand.

»Los, hinterher«, rief Flo seinen Freunden zu und lief, gefolgt von den poldawischen Soldaten, am Ufer entlang.

»Da ist er«, rief Caro und wies mit dem Zeigefinger auf die Gestalt, die auf der gegenüberliegenden Seite aus dem Wasser stieg und in der Dunkelheit verschwand.

Obgleich die Lakritzbande sofort die Spur aufnahm, durch seichtes Wasser stapfte und über glitschige Steine sprang, war der Gesuchte wie vom Erdboden verschluckt. Philipp leuchtete mit seiner Taschenlampe alles ab und die Soldaten durchkämmten mit ihren Lanzen jeden Winkel. Ergebnislos. Die Verfolgung wurde abgebrochen. Aber Caro zupfte Philipp am Hemdsärmel und bat ihn, noch einmal auf eine bestimmte Stelle zu leuchten.

---

* siehe »Der Fluch des schwarzen Schützen«

(?) Was hatte Caro entdeckt?

2. Eine mysteriöse Entdeckung

Es war ein Kettenarmband mit ovalem Emblem, das im seichten Wasser lag und im Schein der Taschenlampe aufblitzte.
»Möglicherweise hat es der Armbrustschütze soeben verloren«, bemerkte Flo, der das Armband aufmerksam begutachtete.
Auf dem Metallschild waren deutlich die Initialen R. K. erkennbar und auf seiner Rückseite befand sich eine seltsame Gravur.
Caro ließ ihren Fund in die Jackentasche gleiten. Sie ahnte nicht, dass die Lakritzbande schon bald weitere Hinweise zu der merkwürdigen Gravur auf dem Armband finden würde.

Kurz vor neun Uhr am nächsten Morgen war die Lakritzbande auf dem Weg durch die Altstadt San Poldawiens.
»Klar, jetzt weiß ich, was die Gravur auf dem Armband zu bedeuten hat«, rief Philipp freudestrahlend, »schaut, dort oben ist das Zeichen!«, und lief seinen Freunden in der angegebenen Richtung voraus.

(?) **Welche Entdeckung hatte Philipp gemacht?**

3. Ein geheimnisvolles Treffen

Philipp war auf das Uhrwerk des Turmes aufmerksam geworden, auf dessen Spitze eine Fahne wehte. Der Stundenzeiger glich haargenau dem Motiv auf dem Armband. Aufgeregt lief die Lakritzbande zum Turm, als Flo plötzlich zögerte.

»Ich hab's«, rief er und schnipste mit den Fingern, »wir sollten uns lieber links nebenan im Gebäude umschauen!«

Flo lag mit seiner Vermutung goldrichtig, warum sonst war auf der Gravur der Stundenzeiger der Turmuhr abgebildet. Punkt neun Uhr hatte sie zu schlagen begonnen, als die Lakritzbande die Treppe des düsteren Nachbarhauses betrat.

»Psst«, flüsterte Flo, »dort drüben höre ich Stimmen!«

Lautlos stieg die Lakritzbande weiter zum Speicher. Durch ein Astloch im Fußboden konnte sie in der unter ihnen liegenden Wohnung geheimnisvolle Gestalten beobachten.

»Einem von uns ist das Missgeschick widerfahren, sein Armband zu verlieren. Um sicher zu sein, dass kein Verräter unter uns ist, bitte ich jeden, seinen Codenamen zu nennen«, forderte der Chef die Versammelten auf.

»Rodofin—Othello—Tristan—Eisenfinger—Kardinal—Orfino—Romuald—Attilo—Lusitano—Languste—Egmund!«, meldete sich einer nach dem anderen.

»Alles klar«, meinte Flo, »da steckt ein Geheimbund dahinter, ich könnte mir auch vorstellen, wie er heißt!«

  Welchen Namen trug der Geheimbund?

4. Das Rätsel um »Languste«

Nicht nur die Anfangsbuchstaben der Namen der Anwesenden gaben Flo den entscheidenden Hinweis, sondern auch das gläserne Schmuckkästchen auf der Konsole. Die geheime Runde trug den Namen »Rote Koralle«. Gebannt lauschte die Lakritzbande, was weiter geschah. Doch dann wurde es in der Wohnung unter ihnen plötzlich stockdunkel.

»Oh, sie haben sich in einen anderen Raum zurückgezogen!«, murmelte Flo.

So leise wie die jungen Detektive in das Haus eingedrungen waren, so geräuschlos verließen sie es wieder.

»Wir wissen weder, was die ›Rote Koralle‹ vorhat, noch wer dahintersteckt«, grübelte Philipp, als sie am darauffolgenden Tag den Wochenmarkt aufsuchten.

»Fest steht, dass es sich auf jeden Fall um elf Komplizen handelt«, meinte Flo.

»Stimmt«, fügte Caro hinzu, »und ›Languste‹ ist eine Frau. Ich habe es an ihrer Stimme gehört. Zudem hatte sie einen Ring mit einem auffallenden schwarzen Stein auf ihrem Mittelfin...!«
Dann stockte Caro.

»Wenn man vom Teufel spricht...!«, murmelte sie, denn sie hatte die betreffende Person soeben auf dem Wochenmarkt entdeckt.

  **Wo war die gesuchte Person?**

5. Beim Drogisten

Caro hatte »Languste« ausgerechnet am Verkaufsstand für Meeresspezialitäten entdeckt.

»Daher der merkwürdige Name!«, vermutete Philipp, der sich mit seinen Freunden sofort dorthin aufmachte.

Gespannt beobachtete die Lakritzbande die hochgewachsene Frau beim Verkauf ihrer Waren. Philipp und Caro standen abseits neben einem Fass mit eingelegten Heringen, während Flo verstohlen zu dem Karton mit Abfall blickte. In einem unbeobachteten Moment schlich er sich dorthin und kramte einen Fetzen Papier heraus.

»Schaut mal!«, flüsterte er zu Philipp und Caro und zeigte ihnen seinen Fund.

Es handelte sich um den Teil einer Verpackung, auf dem die Anschrift der Geschäftsadresse zu lesen war.

»Ist nur die Frage, was in der Verpackung steckte!«, überlegte Philipp, als die drei Detektive vor dem großen Schaufenster des Drogisten Konrad Pluchowsky standen.

»Ich hab's!«, rief Flo, »wir hätten uns auch gleich denken können, was die ›Rote Koralle‹ hier besorgt hat!«

  **Um welche Ware handelte es sich?**

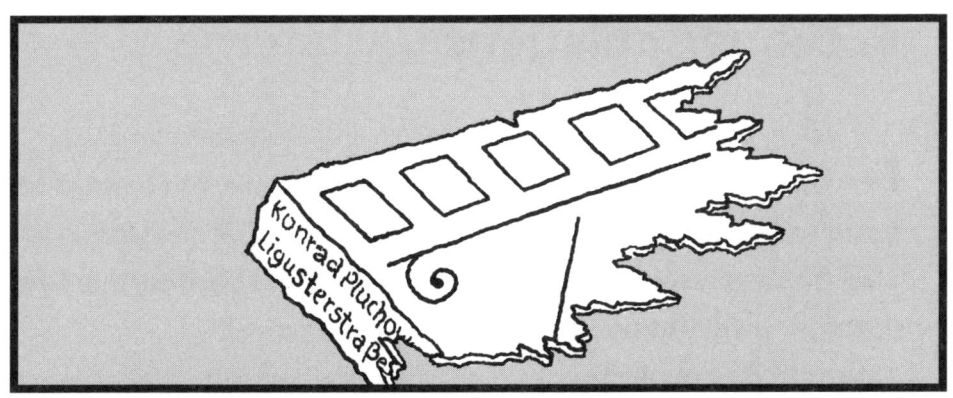

6. Die zerschlagene Gaslaterne

Für die Lakritzbande bestand kein Zweifel, die »Rote Koralle« hatte in der Drogerie »Gefährliches Niespulver« besorgt.

»Vermutlich hat es die Bande erneut auf Fürst Carolus II. abgesehen!«, argwöhnte Caro.

»Stimmt! Das erste Mal hatte das Teufelszeug glücklicherweise seine Wirkung verfehlt und der Fürst wurde von ständigen Niesanfällen verschont. Aber wir werden die Pläne des Geheimbundes durchkreuzen«, antwortete Philipp.

Die drei Detektive saßen auf dem abendlichen Marktplatz im »Café-Flamingo«. Plötzlich ging ein Raunen durch die Menschenmenge, als eine Laterne verlöschte. Philipp rutschte vor Schreck die Waffel vom Eis.

»Donnerwetter, der Armbrustschütze war wieder am Werk!«, rief Flo und zeigte auf den schwarzen Pfeil, der das Glas der Straßenlaterne zersplittert hatte.

Der Schütze musste ganz in der Nähe sein.

»Kommt schnell mit, ich weiß, wo er steckt!«, rief Philipp aufgeregt.

  **Wo war der schwarze Schütze?**

7. Flucht ins Labyrinth

Philipp hatte den schwarzen Schützen oben auf dem Dach eines Hauses zwischen zwei Schornsteinen entdeckt. Die Lakritzbande erklomm die Feuerleiter auf der Rückseite eines Gebäudes und heftete sich an die Fersen des Flüchtenden.

»Los, hinterher«, rief Philipp, denn der Armbrustschütze überwand in Windeseile die Häuserdächer der Altstadt, sprang flink wie ein Wiesel vom Dachvorsprung eines Gebäudes über eine Mauer und verschwand ins dichte Gebüsch eines Parkgeländes.

»Dahinten ist er wieder!«, rief Caro und zeigte auf eine Gestalt, die inmitten eines Irrgartens am Fuße eines Denkmals zu sehen war.

»Jetzt haben wir ihn«, war Philipp überzeugt, »es gibt für ihn keinen Ausweg mehr!«

»Fragt sich nur, welchen Weg der Armbrustschütze genommen hat, um dorthin zu gelangen. Es gibt immerhin eine Menge Zugänge!«, gab Flo zu bedenken.

»Ich weiß, welchen Eingang wir nehmen müssen!«, war Caro überzeugt und sprang als Erste über die Mauer.

  **Welcher Weg führte zum Denkmal?**

8. Spurlos verschwunden

Zielsicher steuerte Caro das obere Ende des Labyrinths an, an dessen Eingang ein kleiner Ball lag. Es war der einzige Weg, der zum Denkmal führte. Wenige Augenblicke später erreichte die Lakritzbande die Reiterstatue, allerdings fehlte vom schwarzen Armbrustschützen jede Spur.

»Wo mag der Kerl nur abgeblieben sein?«, fragte sich Philipp.

»Es ist wie verhext! Er scheint sich in Luft aufgelöst zu haben!«, ärgerte sich Caro und suchte den Erdboden nach frischen Fußspuren ab.

»Nichts zu sehen, er wird sicher auch nicht die Mauer überwunden haben!«, stellte sie erleichtert fest.

Doch es verstrich wertvolle Zeit, bis Flo eine wichtige Entdeckung machte.

»Kommt her, ich weiß, wo wir suchen müssen!«, rief er Philipp und Caro zu.

Was hatte Florentin bemerkt?

9. Vor verschlossener Tür

Flo hatte die beiden Scharniere am Sockel des Denkmals entdeckt. Das ließ die Vermutung zu, dass sich hier eine schwenkbare Tür befand. Knarrend ließ sie sich öffnen und Flo verschwand in einem engen dunklen Gang. Philipp und Caro folgten ihm. Wenige Augenblicke später kamen sie an ein gusseisernes Tor, das allerdings verschlossen war. Durch die Gitterstäbe sahen sie in der Ferne das Schloss des Fürsten Carolus II.

»Verflixt und zugenäht, heute findet dort ja ein Maskenball statt. Der Armbrustschütze wird leichtes Spiel haben, dort unerkannt hineinzugelangen!«, meinte Flo.

Philipp ließ nicht locker und leuchtete mit seiner Taschenlampe das Gebüsch ab. Tatsächlich fand er nicht weit entfernt vom Tor einen Schlüsselbund. Der schwarze Armbrustschütze hatte ihn wohl, nachdem er das Tor hinter sich verschlossen hatte, ins Gebüsch geworfen. Caro schaffte es, diesen Schlüsselbund mithilfe eines Stocks heranzuziehen.

»Mach schnell, Caro, mit einem dieser Schlüssel lässt sich sicher die Gittertür öffnen!«, drängte Philipp.

  **Welcher Schlüssel gehörte zum Türschloss?**

10. Ein verdächtiger Wachmann

Der Schlüssel mit dem eingravierten Rhombus passte tatsächlich. Das Gittertor ließ sich öffnen und die Lakritzbande rannte die Böschung hinauf zum Schloss bis hin zur Ziehbrücke. Dort standen zwei Wächter, die die Einladungen der geladenen Gäste kontrollierten. Diese waren alle verkleidet, manche auch maskiert. Vielleicht hatte sich auf diese Weise sogar die vermummte Bande »Rote Koralle« mit ihren seltsam verschleierten Hüten Eintritt verschafft.

»Der Armbrustschütze wiederum kann keineswegs bei diesen verschärften Sicherheitskontrollen über die Brücke gekommen sein. Er muss einen anderen Weg genommen haben!«, warf Philipp ein.

Die Lakritzbande rannte daher zu einem Seitenflügel des Schlosses und steuerte auf eine Holztür zu. Sie war verriegelt. Caro klopfte, bis jemand von innen aufschloss.

»Was wollt ihr Lausbuben denn hier, ich lasse hier niemanden rein. Der Haupteingang ist um die Ecke. Wenn ich euch aber so ansehe, denke ich nicht, dass ihr zum Maskenball eingeladen seid!«, lachte der Mann die Kinder schräg an.

»Der hat's faustdick hinter den Ohren. Habt ihr gesehen, der gehört zum verschleierten Geheimbund ›Rote Koralle‹!«, flüsterte Caro.

  **Was hatte Caro bemerkt?**

11. Der seltsame Fürst

Ist euch nicht der verschleierte Hut im Wandschrank aufgefallen? Die Mitglieder des Geheimbundes ›Rote Koralle‹ tragen ihn!«, flüsterte Caro, als die Lakritzbande den Rückzug antrat.

»Wenn tatsächlich dieser Wachmann dazugehört, wird er den schwarzen Armbrustschützen herein gelassenhaben!«, war sich Flo sicher.

»Stimmt«, nickte Philipp, »vielleicht sind sogar die anderen neun Mitglieder auch schon durchgeschleust worden!«

»Da sind ja meine Freunde«, ertönte plötzlich eine Stimme von oben.

Die Lakritzbande schaute hoch und erblickte an der Brüstung den Fürsten Carolus II., der ihnen zuwinkte und zu verstehen gab, dass er sie persönlich an der Ziehbrücke in Empfang nehmen würde.

»Irgendetwas stimmt da nicht!«, meinte Philipp, als die Lakritzbande am vereinbarten Treffpunkt wartete, »wo bleibt der Fürst?«

Er erschien erst vierunddreißig Minuten später, um die jungen Detektive zu empfangen. Philipp schaute auf seine Uhr.

»Haben Sie schon einmal vom Geheimbund ›Rote Koralle‹ gehö…?«, legte Philipp los, verstummte aber zugleich.

»Psst, verrate bloß nichts!«, flüsterte Flo ihm ins Ohr.

  **Was war Flo aufgefallen?**

12. Ein Geräusch aus dem Verlies

Misstrauisch schaute der Mann den Detektiven nach, als sie sich nach dem Einlass sofort aus dem Staub machten.

»Habt ihr nichts bemerkt?«, fragte Flo und fuhr fort: »Während der Begrüßung an der Brüstung hatte Fürst Carolus II. einen nach oben gezwirbelten Schnurrbart gehabt. Anders die Person, die uns auf der Zugbrücke Auge in Auge gegenüberstand!«

»Willst du damit andeuten, dass der wahre Fürst zwischenzeitlich durch einen Doppelgänger ausgetauscht wurde?«, fragte Caro.

»Stimmt genau. Sicher gehört er auch zum Geheimbund!«, antwortete Flo.

Die Lakritzbande vermutete, dass der wahre Fürst gefangen genommen wurde. Er musste so schnell wie möglich gefunden werden, um den Komplott aufzudecken. Philipp, Flo und Carolin suchten jeden Winkel des Schlosses ab. Dabei kamen sie auch an dem Verlies im Gefängnisturm vorbei. Von dort vernahmen sie einen merkwürdigen Laut.

»Habt ihr das eben gehört?«, fragte Caro.

Doch die Lakritzbande konnte niemanden entdecken. Sie war schon im Begriff fortzugehen, als sie erneut ein wehklagendes Geräusch vernahm.

»Oh, ich weiß, wo der Fürst steckt!«, rief Philipp, »los, packt mit an, wir müssen ihn befreien!«

  **Wo vermutete Philipp den Gefangenen?**

13. Achtung »Rote Koralle«

Der Schlüssel steckt sogar noch in der Falltür!«, rief Philipp, als die Lakritzbande mit vereinten Kräften die große Truhe zur Seite schob, um die Falltür zu dem Verlies im Boden zu öffnen. Tief unten entdeckte die Lakritzbande den gefangenen Fürsten. Rasch stieg sie die Leiter hinab und befreite ihn von Fesseln und Knebel.

»Habe ich es mir doch gedacht!«, brummte plötzlich eine energische Stimme, als die Lakritzbande gerade mit dem befreiten Fürsten die Leiter wieder hochstieg.

Sein Doppelgänger hatte Verdacht geschöpft und versperrte der Lakritzbande den Weg. Philipp, Flo und Caro konnten ihn jedoch überwältigen und anstelle des Fürsten in das Verlies sperren.

»Einen der Bande hätten wir!«, meinte Philipp, als er die Falltür verschloss und den Schlüssel abzog.

Wenige Minuten später befand sich die Lakritzbande im Ballsaal, um nach den restlichen Bandenmitgliedern Ausschau zu halten.

»Würde mich nicht wundern, wenn hier die ›Rote Koralle‹ vollzählig mit ihren verschleierten Hüten auftaucht!«, meinte Flo, und tatsächlich, er traute seinen Augen nicht:

Unter den kostümierten Gästen entdeckte er einige vermummte Gestalten des Geheimbundes.

  **? Wo war die »Rote Koralle«?**

14. Auf Eisenfingers Fersen

Da ist die ›Rote Koralle!«, rief Flo mit Nachdruck. Er zeigte auf die verschleierten Gestalten, die abseits unter dem rechten Rundbogenfenster im Säulengang standen. Die Lakritzbande pirschte sich an die Gruppe heran und entdeckte neun der Banditen in geheimer Mission. Die Lakritzbande gab dem Fürsten einen Wink und dieser rief sofort seine Leibgarde herbei. Die Bande »Rote Koralle« war verdutzt, hatte sie sich doch gerade noch in Sicherheit gewähnt. Sie wurde umstellt und

sogleich festgenommen, ebenso der Wachmann vom Pförtnereingang des Seitenflügels, der die Banditen eingelassen hatte.

Zwei aus der Bande konnten allerdings in dem Tumult fliehen. Es waren der beleibte Bandenchef Egmund und der schlanke Eisenfinger. Natürlich nahm die Lakritzbande gleich die Verfolgung auf.

»Hier entlang!«, meinte Caro und sauste eine holprige Wendeltreppe hinab. Unten fand sich die Lakritzbande im Kellergewölbe zwischen alten Rüstungen wieder.

»Fehlalarm, hier ist niemand!«, meinte Flo und wollte umkehren.

Aber Philipp bremste ihn.

»Nicht so voreilig«, meinte er, »einen der Bande haben wir hier. Vermutlich ist es Eisenfinger!«

? Wo hatte sich Eisenfinger versteckt?

15. Egmund in der Falle

In die enge Ritterrüstung direkt hinter der Eingangstür konnte sich nur Eisenfinger hineingezwängt haben. Die Lakritzbande hielt den Burschen so lange in Schach, bis die Leibgarde des Fürsten eintraf, um ihn in Gewahrsam zu nehmen.

Nun galt es noch, sich Egmund zu schnappen. Philipp, Flo und Carolin steuerten auf einen Torbogen zu, über dem in verwitterten Buchstaben das Wort »Fürstengruft« zu entziffern war.

»Los, hier hinein«, meinte Philipp, obwohl es ihn schauderte.

Die Lakritzbande betrat das dunkle, nur durch spärliches Kerzenlicht erhellte Gewölbe und fand reich verzierte Särge, dekorierte Grabplatten und Reliquienschreine.

»Wenn ich Egmund wäre, hier wäre ich bestimmt gleich wieder abgehauen«, flüsterte Flo seinen Freunden zu.

»Nein«, entgegnete Caro, »er hat sich als Lebender unter die Toten gesellt, weil ihn hier niemand vermuten würde! Sieh doch, dort steckt der Kerl!«

Wo hielt Egmund sich verborgen?

16. Ein süßes Geheimnis

Egmund hatte sich in dem Sarg versteckt, der neben der Flügeltür der Gruft stand. Caro hatte bemerkt, dass der Sargdeckel ein wenig offen stand und eine Hand von ihm noch zu sehen war.

»Das wär's«, meinte Philipp«, jetzt fehlt uns nur noch der schwarze Armbrustschütze, dann haben wir alle hinter Schloss und Riegel!«

Denn zehn Mitglieder der Organisation »Rote Koralle« waren dingfest gemacht. Dem schwarzen Schützen allerdings war die Lakritzbande immer noch nicht auf die Spur gekommen.

Im Schlossgarten war die Feier in vollem Gange und eine festliche Tafel inzwischen gedeckt.

»Wir müssen die Augen offen halten, bevor der Schütze zum Einsatz kommt. Ihr wisst doch, wenn er das gefährliche Niespulver verschießt, wird es dem Fürsten Carolus II. wie seinem unglücklichen Ahnen ergehen: Er wird Zeit seines Lebens niesen müssen!«, warnte Philipp.

Flo schaute sich um und zupfte Philipp am Ärmel.

»Komm schnell, ich weiß, wo der Kerl steckt! Der ist wirklich mit allen Wassern gewaschen!«

 **Wo steckte der Armbrustschütze?**

Diebstahl auf der »Rositania«
1. Schiff ahoi!

Der schwarze Armbrustschütze hatte sich in der falschen Torte verschanzt. Sein mit höchst wirksamem Niespulver getränkter Pfeil war bereits auf das Festmahl des Fürsten gerichtet, als Philipps treuer Begleiter Coco, der Kakadu, mit kühnem Flug sich auf dem Baldachin niederließ. Er zupfte an den  Schleifen des stoffbezogenen Daches, sodass es in sich zusammenfiel. Damit wurde die Aktion des schwarzen Armbrustschützen vereitelt. Der Schütze, der in der Torte feststeckte, musste von der Leibgarde des Fürsten befreit werden.

»Das war ein toller Coup«, amüsierte sich Flo.

»Stimmt! Und das Beste daran ist, dass wir zur Belohnung unsere Ferien auf der ›Rositania‹ verbringen dürfen«, pflichtete Caro freudig bei.

Zwei Tage später schon befanden sie sich auf dem Weg zum Kreuzfahrtschiff.

»Noch eineinhalb Stunden, dann werden wir auslaufen!«, vergewisserte sich Philipp mit einem Blick auf seine Armbanduhr.

»Denkt daran, die Unternehmerin Flore Goldstein besonders im Auge zu behalten!«, zitierte Caro den Wunsch des Kapitäns.

»Klar, versteht sich von selbst. Hoffe nur, dass sie gut versichert ist!«, warf Philipp ein.

? Worauf spielte Philipp an?

2. Kapitän gesucht

Philipp hatte beobachtet, wie die wertvolle Seemannskiste mit der Aufschrift »Juwelier Goldstein & Co.« gerade mit dem Hafenkran an Bord der »Rositania« gehievt wurde.

Die Passagiere gingen an Bord und pünktlich um 12.15 Uhr ertönte das Signal zum Ablegen des Schiffes. Philipp, Flo und Carolin standen an Deck.

»Sie sind übrigens ein sicheres Zeichen dafür, dass wir uns noch in Küstennähe befinden!«, bemerkte Caro, und meinte die Möwen, die die »Rositania« seit gut einein- halb Stunden begleiteten.

»Hee, ihr seid doch die Lakritzbande!«, rief plötzlich jemand den drei Kindern zu.

Philipp, Flo und Carolin schauten sich um. Ein Matrose, der in großen Schritten die Treppe heraufkam, sprach sie an:

»Der Kapitän wünscht, euch zu sprechen. Er meint, es wäre dringend!«

»Fragt sich nur, wo wir ihn jetzt so schnell finden!«, entgeg- nete Flo.

»Kommt mit, ich vermute, der dort hinten wird es sein!«, ant- wortete Caro.

  **Wo steckte der Kapitän?**

3. Einbruch in der Kabine Nr. 157

Caro hatte den Kapitän gesehen, als er gerade hinter einer Tür zu den Kabinen verschwand. Die Lakritzbande rannte die Reling entlang und holte ihn ein.

»Eine schöne Bescherung!«, wandte er sich an sie und zeigte auf die Kabine mit der Nummer 157.

»Das Zimmermädchen hat vor wenigen Minuten die aufgebrochene Kabinentür entdeckt!«, fuhr der Kapitän fort.

»Saubere Arbeit. Vermutlich hat der Täter nicht einmal einen Dietrich gebraucht. Um die Tür zu öffnen, hat er wohl eine Scheckkarte verwendet!«, meinte Philipp, als er das einfache Schloss näher untersuchte.

»Der Einbrecher hat wüst gehaust hier!«, bemerkte Flo, als er das durchwühlte Gepäck und die Kleidungsstücke entdeckte, die in der Kabine verstreut lagen.

»Ist der Gast schon benachrichtigt worden?«, fragte Caro den Kapitän, als sie auf dem Weg zur Kapitänsbrücke am Schwimmbecken vorbeikamen.

»Nein, noch nicht, aber ich habe bereits veranlasst, dass Frau Klingenberg ausgerufen wird!«, antwortete der Kapitän.

»Ich glaube, das wird nicht notwendig sein«, entgegnete Philipp, »Frau Klingenberg ist bestimmt jene dort hinten!«

  **Wen meinte Philipp?**

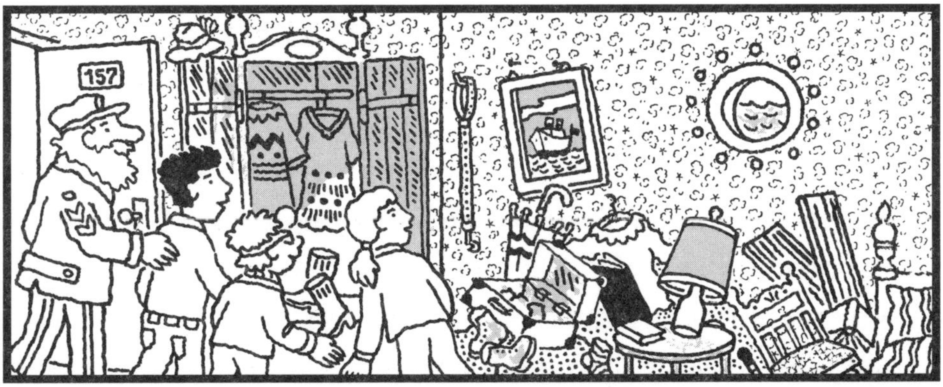
157

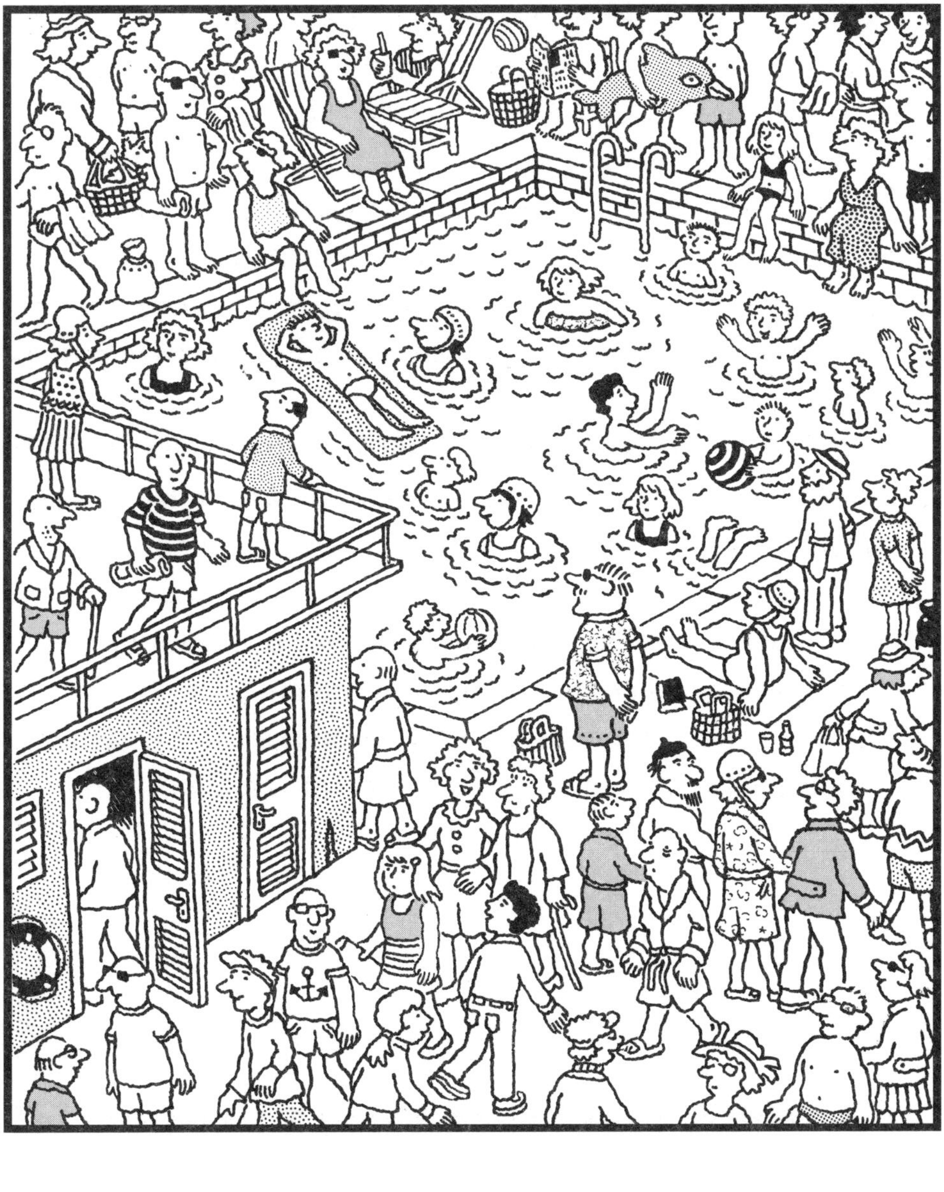

4. Beobachtung im Teesalon

Philipp hatte richtig kombiniert. In der aufgebrochenen Kabine Nr. 157 hatte er eine Hundeleine entdeckt, deshalb lag die Vermutung nahe, dass Frau Klingenberg diejenige war, die einen Hund in ihrer Tasche trug und gerade links am Beckenrand des Schwimmbades entlangging. Da sie als einziger Passagier einen Vierbeiner bei sich hatte, war ein Irrtum ausgeschlossen. Sie wurde zu ihrer Kabine gerufen, versicherte jedoch der Lakritzbande und dem Kapitän, dass ihr nichts entwendet worden sei.

»Es gibt nun zwei Möglichkeiten!«, warf Philipp ein, als die Lakritzbande an Deck über den Vorfall grübelte.

»Entweder der Täter hat nicht das gefunden, wonach er gesucht hat, oder er hat sich schlichtweg in der Kabine geirrt!«, fuhr er fort.

»Richtig! Die Vermutung liegt nahe. Vielleicht hatte es der Täter tatsächlich auf die Nachbarkabine abgesehen. Die juwelenschwere Flore Goldstein bewohnt die Nummer 156!«, ergänzte Caro.

Auf Anraten der Lakritzbande wurde der Juwelierin daraufhin vorsorglich eine andere Kabine zugewiesen.

»Ich weiß, welche Kabine sie jetzt bekommen hat!«, bemerkte Flo, als die Lakritzbande wenig später im Teesalon eintraf.

? **Welche neue Kabine bezog Flore Goldstein?**

5. Ein diebischer Vorfall

Durch ihren auffälligen Schmuck war Flore Goldstein nicht zu übersehen. Flo entdeckte sie rechts am runden Tisch hinter der Säule sitzend. Vor ihr lag der Kabinenschlüssel mit der Nummer 27.

Die folgenden zwei Tage verliefen ruhig, das änderte sich jedoch schlagartig am Morgen darauf. Die »Rositania« lag für fünf Stunden in der Hafenmole von Bergenhusen vor Anker. Der erste Landgang wurde von vielen Passagieren genutzt.

Philipp, Flo und Carolin waren mit von der Partie und nahmen an der Stadtbesichtigung teil.

»Vor uns sehen wir das Corneliushaus von 1657«, begann der Stadtführer, als er jäh unterbrochen wurde.

»Diebe, Diebe …!«, schrie jemand.

Philipp, Flo und Carolin blickten sich erstaunt um. Die aufgebrachte Person kam ihnen nur allzu bekannt vor.

»Ich weiß, was gestohlen wurde!«, flüsterte Caro und machte sich mit Philipp und Flo sofort an die Spurensuche.

  **Was wurde gestohlen?**

6. Auf Spurensuche am Strand

Schnell machte es die Runde, dass das Halsband des kleinen Hundes gestohlen worden war.

»Stellt euch vor, es war mit Diamanten besetzt!«, ergriff Flo das Wort, als die Lakritzbande fieberhaft den Weg nach Spuren absuchte.

Sie liefen den Weg zurück in Richtung Hafenmole und erreichten den Kieselstrand, als Caro zwischen den Steinen etwas entdeckte.

»Schaut, was ich gefunden habe«, rief Caro ihren Freunden zu und hielt ihnen ein Stück Schnur entgegen, an dem eine Pose mit einem Köderhaken hing.

»Na, wer sagt's denn!«, rief Flo und dachte laut vor sich hin:

»Wer das wohl verloren hat…?«

Zurück an Bord der »Rositania« entdeckte Philipp für den Bruchteil einer Sekunde jemanden, der diese Utensilien verloren haben könnte.

»Schaut mal, vielleicht gehört dem dort das Strandgut!«, rief Philipp seinen Freunden zu. Doch im gleichen Augenblick verschwand diese Person aus seinem Blickfeld.

  Welche Person war Philipp aufgefallen?

7. Ungeplante Schiffsroute

Es war nicht schwer, eins und eins zusammenzuzählen. Doch ob die Pose und der Köderhaken tatsächlich dem Angler gehörten, der unweit der Schiffsglocke am Heck der »Rositania« gerade in der Tür verschwand, war zunächst nicht zu erfahren. »Kommt mit zur Kommandobrücke«, schlug Philipp vor, »wir müssen den Kapitän von dem Vorfall unterrichten!«

Die Lakritzbande staunte nicht schlecht, als sie feststellte, dass der Kapitän gerade außerfahrplanmäßig die Schiffsroute änderte.

»Welchen Hafen wir wohl jetzt ansteuern?«, fragte Caro.

»Das ist nicht schwer zu erraten!«, antwortete Flo, als er durch die Scheibe schaute und den Routenfahrplan der »Rositania« inspizierte.

? **Welchen Hafen steuerte die »Rositania« an?**

8. Ein unerwarteter Passagier

Angenehm, Griesbach — wie der Nachtisch und der kleine Fluss«, stellte sich ein schmächtiger Mann dem Kapitän vor, nachdem er die Strickleiter erklommen und das Deck der »Rositania« betreten hatte. Er entpuppte sich als Versicherungsagent. Seine Aufgabe sollte es sein, schnellstmöglich den Diebstahl aufzuklären. Aus diesem Grunde hatte die »Rositania« eigens einen Umweg nach Fährhornbell gemacht. Flo hatte die Himmelsrichtung, die die Kompassnadel anzeigte, mit der Schiffsposition auf der Navigationskarte verglichen.

»Da dürfen wir gespannt sein, was der aus seinem Kasten zaubert«, flüsterte Flo seinen Freunden zu, als sie am nächsten Tag erneut das Schiff für einen Landgang verließen.

Griesbach nahm seine Ermittlungen zunächst an Bord auf, um anschließend an Land Erkundigungen einzuholen. Pünktlich um 15.00 Uhr kehrte die Lakritzbande von ihrem Ausflug zurück. Sie beschlossen, Griesbach aufzusuchen, um von ihm Neues in Erfahrung zu bringen. Doch der Versicherungsagent war nirgendwo zu finden.

»Merkwürdig, wo steckt er bloß?«, fragte sich Philipp.

»Vielleicht ist er noch unterwegs und kommt später an Bord!«

»Los, hier entlang«, rief Caro, »ich glaube, ich weiß, wo wir Griesbach finden werden!«

   **Wo war Griesbach?**

9. Die vier Sicherheitsbeamten

Bevor die Lakritzbande an Bord der »Rositania« ging, hatte Caro Griesbachs auffällige Tabakpfeife auf dem Fenstersims hinter einem der Bullaugen am Heck des Schiffes entdeckt. Die Lakritzbande horchte an der verschlossenen Kabinentür und vernahm ein leises Stöhnen. Das herbeigerufene Bordpersonal öffnete die Tür. Griesbach saß gefesselt und mit einem Knebel im Mund in einem Sessel.

»Gut, dass ihr kommt, Kinder«, atmete er auf, »irgend jemand kam von hinten auf mich zu, hat mir einen leichten Schlag auf den Kopf versetzt und mich dann wohl gefesselt. Vermutlich gibt es jemanden, den meine Anwesenheit stört!«

»Merkwürdig! Es wussten doch nur wenige Eingeweihte, dass Griesbach an Bord gekommen ist!«, meinte Philipp, als die Lakritzbande auf Deck ihr weiteres Vorgehen beratschlagte.

»Glücklicherweise haben die vier Sicherheitsbeamten der ›Rositania‹ zumindest im Moment alles im Griff!«, meinte Caro, als sie über die Reling schaute.

»Stimmt. Die Männer, die alle die gleiche Kleidung tragen, haben sich mit ihren schwarzen Sonnenbrillen genau so postiert, dass sich jeweils zwei gegenübersitzen. Dort wo sich ihre Blicke kreuzen, sitzt die Person, die sie gerade im Visier haben!«, fügte Philipp hinzu.

  **Um welche Person handelte es sich?**

10. Aufschrei am Mittag

Die Person, die von den vier Sicherheitsbeamten der »Rositania« ständig bewacht worden war, besaß einen hellen Sonnenhut mit schwarzem Band, saß auf einem der Korbstühle und las Zeitung. Natürlich handelte es sich um keine andere als die Juwelierin Flore Goldstein, die seit den Vorfällen unter besonders starker Bewachung stand. Punkt zwölf Uhr dreißig verließ die Frau das Deck und reihte sich beim Mittagsbuffet ein.

Etwa zwanzig Minuten später vernahm die Lakritzbande plötzlich einen Aufschrei.

»Das kam aus dem Speisesaal!«, rief Philipp und erschien unmittelbar darauf mit seinen Freunden am Tatort.

»Herjeminee, Flore Goldstein wurde bestohlen!«, bemerkte Caro.

Sie hatte erfahren, dass jemand der Juwelierin das Diamantcollier entwendet haben musste.

»Wir sind gerade noch rechtzeitig gekommen. Folgt mir, ich weiß, wer den Glitzerkram hat!«, flüsterte Flo, nachdem er sich unter den Passagieren umgeschaut hatte.

Unbemerkt näherte sich die Lakritzbande der verdächtigen Person.

  **Welche Person verdächtigte Flo?**

11. Suche im Maschinenraum

Der hat es wirklich faustdick hinter den Ohren!«, rief Flo Philipp und Caro zu und zeigte auf den Kellner, der das Diebesgut in einem Hummer versteckt auf seinem Tablett forttrug.

Der Ober bemerkte jedoch, dass er entdeckt worden war, und verschwand ganz schnell durch einen Nebeneingang. Die Lakritzbande blieb dem Mann auf den Fersen.

»Der hat seinen Coup genau abgepasst. Weder die vier Sicherheitsbeamten noch der Versicherungsagent Griesbach waren im Speisesaal!«, stellte Flo fest, während er mit seinen Freunden die Treppen hinablief.

»Vermutlich ist er hier hinein gelaufen!«, meinte Philipp und ging durch die halb geöffnete Stahltür in den Maschinenraum.

Die Lakritzbande schaute sich um.

»Verflixt, was soll das?«, schimpfte Flo, als plötzlich im Maschinenraum das Licht ausging.

»Stromausfall?«, überlegte Philipp und tastete sich in dem dunklen Maschinenraum zu einem Lichtschalter, um die Beleuchtung wieder einzuschalten.

»Dort muss der Kerl stecken!«, rief Caro überzeugt.

? **Welches Versteck meinte Caro?**

12. Ankunft Trockenhorn

Klarer Fall, der Mann hat sich in dieser Tonne versteckt!«, versicherte Caro und führte ihre Freunde dorthin. Ihr war aufgefallen, dass der Deckel anders auflag als vor dem Stromausfall. Der Kellner ließ sich von den herbeigerufenen Sicherheitsbeamten widerstandslos abführen.

»Aus dem Kerl ist nichts rauszukriegen. Der ist stumm wie ein Fisch!«, meinte Philipp, als sich die Lakritzbande später wieder an Deck traf.

 »Unklar bleibt, wo der Mann seine Beute versteckt hat!«, warf Caro ein, nachdem die Lakritzbande zuvor vergebens im Maschinenraum nach dem gestohlenen Diamantcollier gesucht hatte.

»Vielleicht gibt es Hintermänner!«, wollte Flo wissen.

Die Kreuzfahrt verlief ohne weitere Zwischenfälle, aber das Verschwinden der Diamantkette blieb rätselhaft. Bis zum Tag, als die »Rositania« den Zielhafen Trockenhorn ansteuerte. Das Schiff lag schon vor Anker und die Passagiere verließen das Schiff.

»Donnerwetter, wenn das nicht unser Glückstag ist!«, rief Philipp ganz überrascht, »dort wird gerade die heiße Ware gelöscht!«

  **Welche Entdeckung machte Philipp?**

13. Am Neptunbrunnen

Sofort heftete sich die Lakritzbande an die Fersen des Mannes, der vom Schiff gerade eine Palette Obst- und Gemüsekisten auf seinen Karren entladen hatte und die Ware über das Kopfsteinpflaster des Kaiufers schob.

»Wir müssen den Kapitän benachrichtigen!«, meinte Flo.

Doch Philipp winkte ab und meinte:

»Später, wir müssen erst rauskriegen, wer die Hintermänner sind und wo die Hehlerware landet!«

Die Lakritzbande folgte dem Mann mit seinem Karren bis zur nächsten Häuserecke. Dort beobachteten die drei Detektive, wie die Lebensmittelkisten auf die Ladefläche eines Lastwagens verfrachtet wurden. Es folgte ein kurzer Wortwechsel zwischen dem Mann und einer Frau, die anschließend das Auto bestieg und in rasantem Tempo davonfuhr. Der Mann kehrte mit unschuldiger Miene zurück zum Schiff und lief nichts ahnend direkt in die Arme der Sicherheitsbeamten der »Rositania«, die von Philipp zuvor unterrichtet worden waren.

»Bleibt noch die Frage, wie wir den Lastwagen mit dem gestohlenen Schmuck wieder finden werden!«, überlegte Caro.

»Keine Sorge, ich weiß schon, wem der Laster gehört!«, triumphierte Flo, als sie sich auf den Weg in die Stadt machten.

   **Wer war der Besitzer des Wagens?**

14. Jablonski auf der Spur

Die unvollständig lesbare Firmenadresse auf der Plane des Lastwagens, in dem die Diebesbeute transportiert worden war, gab Anlass genug, das »Kolonialwarengeschäft — Inh. Else Jablonski« näher unter die Lupe zu nehmen.

»Was kann ich für euch Spitzbuben tun?«, fragte die Ladeninhaberin die Lakritzbande, als sie das Geschäft betrat.

»Wir hätten gern Lakritzkonfekt!«, ergriff Flo das Wort, um die Frau in ein Gespräch zu verwickeln.

Philipp und Caro schauten sich unterdessen verstohlen im Laden um.

»Ich glaub, wir befinden uns hier auf falscher Fährte!«, flüsterte Philipp Caro zu.

»Keineswegs!«, Caro war sich da ganz sicher, »ich wette, die Frau ist sehr wohl in die dunklen Geschäfte der Schiffscrew eingeweiht!«

? Was hatte Caro entdeckt?

Der Dieb im Kranichwald
1. Rodung in der Waldlichtung

Caros Augenmerk war auf das Buch »Edelsteine« gefallen, das im oberen Wandregal lag und dessen Titel im Wandspiegel seitenverkehrt lesbar war.

Noch vor dem Geschäft alarmierte sie den Kapitän der »Rositania«, der dafür sorgte, dass die Hafenpolizei sich dem Gaunertrio bemächtigte. Nach gründlicher Durchsuchung konnte die Hehlerware im Geschäft Jablonski sichergestellt werden.

»Horcht doch mal, dort hinten im Wald wird gerodet!«, sagte Caro zu ihren beiden Freunden, als sie tags darauf durch den Kranichwald gingen.

In der Ferne hörte die Lakritzbande das Geräusch von Motorsägen und nach etwa einer halben Stunde erreichten Philipp, Flo und Carolin eine Lichtung. Vier Lastwagen waren beladen und standen für den Abtransport kranker und morscher Bäume bereit. Zurück blieben einige Baumstümpfe mit ihrem Wurzelwerk im Waldboden.

»Da stimmt doch etwas nicht. Seht ihr das auch?«, bemerkte Caro, als sie sich in der Lichtung umgeschaut hatte.

Sie machte ihre Freunde auf einen Baumstumpf aufmerksam, dessen Stamm nicht unter der Ladung zu finden war.

Welchen Baumstumpf meinte Caro?

2. Die Suche nach Kirschkorn

Sieben Jahresringe!«, zählte Caro.

»So viele hat sonst keiner der abgesägten Stämme!«, fuhr sie fort, als sie mit ihren Freunden vor dem Baumstumpf stand, der sich am Bach unterhalb des Holzstegs befand.

»Ein klarer Fall für Förster Kirschkorn!«, dozierte Flo und schlug vor, ihn zu befragen.

»Ich fürchte auch!«, pflichtete Caro bei.

»Den könnt ihr heute auf dem Dorffest in Michelsbach antreffen!«, hörten sie hinter sich die Stimme eines der Waldarbeiter.

Der Mann hatte das Gespräch der Lakritzbande aufmerksam verfolgt und war näher getreten. Er gab ihnen den Rat, den ausgeschilderten Wanderweg zur achthundert Meter entfernten Ortschaft zu nehmen.

»Bin gespannt, ob wir in diesem Getümmel den Förster entdecken werden!«, zweifelte Flo, als die Lakritzbande Michelsbach erreichte.

»Kein Problem, der dort drüben muss es sein!«, rief Philipp, als er die gesuchte Person von hinten sah.

3. Eine scharfsinnige Beobachtung

Förster Kirschkorn, mit seiner Dienstkleidung und dem Jagdgewehr über der Schulter, war für Philipp nicht zu übersehen. Er hielt sich gerade am Verkaufsstand für »Heiße Würstchen« auf, als er von der Lakritzbande angesprochen wurde.

»Donnerwetter, ein Dieb in unserem Kranichwald?«, Förster Kirschkorn runzelte die Stirn, nachdem er die Neuigkeit erfahren hatte.

Dann machte er sich mit der Detektivbande auf, um den Tatort auf mögliche Spuren hin abzusuchen.

»Ihr habt recht, Kinder, dieser Stamm ist nicht heute geschlagen worden. Jemand muss ihn vor nicht allzu langer Zeit gefällt haben!«, meinte Kirschkorn nachdenklich, als er mit der Lakritzbande vor Ort den Baumstumpf näher untersucht hatte.

Unterwegs entdeckten Förster Kirschkorn und die Lakritzbande noch einen umgestürzten Baum, der auf den ersten Blick ebenfalls abgeholzt zu sein schien.

»Ob hier auch der gleiche Dieb am Werk war?«, fragte Flo.

»Mit Sicherheit nicht!«, entgegnete Caro, »dieser Stamm liegt schon seit längerer Zeit hier!«

»Gut beobachtet. Du hast ganz recht!«, lobte Förster Kirschkorn.

  **Was hatte Caro erkannt?**

4. Fund in der Falkenschlucht

Der betreffende Baumstamm war nicht von einem Holzdieb gefällt worden. Caro waren die konsolenförmigen Röhrenpilze aufgefallen, die am umgestürzten Baumstamm saßen.

»Grundsätzlich breiten sie sich in waagerechter Richtung auf dem Baumstamm aus!«, erklärte Förster Kirschkorn den drei Detektiven.

»Dieser Baum muss also schon eine Weile hier liegen, denn die Zunderschwämme haben sich erst nach dem Sturz am  Stamm gebildet«, fuhr der Förster fort.

Das leuchtete ein. Die weitere Spurensuche auf der Waldlichtung, wo die Rodung stattgefunden hatte, erbrachte keine neuen Hinweise. Förster Kirschkorn entschied, die Angelegenheit auf sich beruhen zu lassen.

Die Lakritzbande jedoch ließ es nicht dabei bewenden. Sie durchkreuzte den Wald und erreichte im Laufe des Nachmittags die Falkenschlucht.

»Ob der Holzdieb wieder auftauchen wird?«, fragte Philipp.

»Das ist schlecht zu sagen«, meinte Flo, »aber mit großer Wahrscheinlichkeit wird er den Weg über diese Brücke genommen haben!«

5. Auf frischer Tat

Die gehört sicher dem Holzdieb!«, mutmaßte Philipp, als er von Flo auf die Axt aufmerksam gemacht worden war, die auf der anderen Seite der Falkenschlucht auf einem Felsvorsprung lag.

»Beim Überqueren der Brücke ist sie ihm sicher aus der Hand ge…!«, Caro hielt inne.

»Habt ihr das gehört?«, fuhr sie fort.

Die Lakritzbande schlich an den Felsen entlang und versuchte, sich der Person zu nähern, die in unmittelbarer Nähe mit einer Säge frisch am Werk war.

»Siehst du was?«, flüsterte Flo, der in diesem Augenblick ausgerechnet auf einen Ast trat.

»Knacks« machte es. Der Unbekannte horchte auf und verschwand dann mit seiner Säge unterm Arm. Noch ehe die Lakritzbande aus dem Dickicht kommend den Waldweg erreichte, hatte der Holzdieb einen beträchtlichen Vorsprung.

»Ganz frische Sägespuren!«, stellte Caro an der Eiche fest, an der sich der Holzdieb zu schaffen gemacht hatte.

»Der ist schon über alle Berge!«, war sich Flo sicher, als die Lakritzbande den Pfad entlang zu einer angrenzenden Weide lief.

»Dann fragen wir doch mal die Person dort drüben, ob sie was beobachtet hat!«, schlug Caro vor.

  **Wen meinte Caro?**

6. Die geheimnisvolle Erdhöhle

Ja, jemand ist dort hinten zum Hochstand gelaufen!«, nickte der Bauer.

Caro hatte den Mann beim Melken einer seiner Kühe auf der Weide entdeckt und angesprochen.

»Der hat längst das Weite gesucht!«, meinte Flo, als sie den Hochstand erreichten. Philipp kletterte hinauf, um sich zu vergewissern. Tatsächlich gab es von dem Holzdieb keine Spur mehr.

»Hoppla, was ist das denn hier?«, rief Caro ihren Freunden zu. Sie hob eine angerissene Verpackung auf, die sie auf dem Erdboden unweit des Hochstands entdeckt hatte.

»Tabak!«, gab Caro kurz zur Antwort, als sie an der Verpackung schnupperte.

»Der Dieb muss die Verpackung gerade erst verloren haben!«, murmelte Caro, »denn sonst wäre sie schon durch den Regen in der vergangenen Nacht aufgeweicht!«

Sie steckte den Fund in ihre Tasche, während Flo abseits des Weges Gestrüpp beiseiteschob.

»Donnerwetter, eine Erdhöhle!«, meinte er, als er einen mit Ästen und Laub getarnten Eingang im Waldboden entdeckte. Philipp leuchtete mit seiner Taschenlampe hinein und behauptete:

»Nach unserem bisherigen Kenntnisstand könnte es gut sein, dass hier der Holzdieb haust!«

   **Weshalb war sich Philipp so sicher?**

7. Die Spur führt zum Katzenbach

Der Fund der frischen Tabakreste auf dem Waldboden und die Pfeife auf dem Regal zwischen den Dosen in der verlassenen Erdhöhle ließen vermuten, dass sich der Holzdieb in diesem geheimen Versteck aufgehalten hatte.

»Seht, hier sind frische Fußspuren im Morast!«, rief Caro, »der Kerl muss in diese Richtung gelaufen sein!«

Die Lakritzbande folgte den Spuren und erreichte den wilden Katzenbach.

»Hier verliert sich seine Fährte«, meinte Caro, »aber durch den Fluss ist er bestimmt nicht geschwommen!«

»Dann muss er den Umweg über die alte Steinbrücke bei Tannenwalde genommen haben«, warf Philipp ein.

»Es gab für den Holzdieb aber noch eine andere Möglichkeit!«, bemerkte Flo, »seht mal dort!«

  **Was hatte Flo beobachtet?**

8. Auf falscher Fährte

Ich wette, dass der Mann mit dem Kahn übergesetzt ist!«, rief Flo aus, als er den Teil eines Ruderbootes auf der gegenüberliegenden Seite des Flussufers im Gestrüpp ausgemacht hatte.

»Tja, und damit ist er uns entwischt!«, entgegnete Caro, »den Vorsprung holen wir nicht mehr ein!«

Philipp, Flo und Carolin nahmen den Umweg über Tannenwalde, als der Jüngste von ihnen erneut eine Beobachtung machte.

»Schaut euch mal den Baum an!«, rief er und wies auf den Stamm einer Buche.

»Wieder ein Werk des Holzdiebes?«, fragte Flo, als er den Stamm aus nächster Nähe begutachtete.

Philipp und Caro traten hinzu und winkten jedoch ab.

»Dafür war jemand anders verantwortlich!«, versicherte sich Philipp.

»Keine Frage!«, ergänzte Caro, »der Übeltäter ist ganz in unserer Nähe!«

Wen meinte Caro?

9. Das verlassene Waldhaus

Die Nagespuren an der Buche stammten eindeutig von dem Biber, den Caro ein Stück flussabwärts entdeckt hatte.

»Ist hier jemand?«, fragte Philipp, als er später mit seinen Freunden an einem kleinen Waldhäuschen vorbeikam.

Da er keine Antwort erhielt, pirschte er sich an das Haus heran. Plötzlich zuckte er zusammen: Eine schwarze Katze sprang von der Dachrinne herunter und kreuzte seinen Weg.

»Tatsächlich keiner da!«, konstatierte Flo, nachdem er durch das Fenster des Wohnhauses geschaut hatte.

Caros Augenmerk hingegen fiel auf das Ofenrohr oben am Dach des Hauses.

»Das ist mir auch schon aufgefallen!«, stimmte ihr Philipp von hinten zu und fuhr fort:

»Aber Fehlalarm. Es gibt hier weit und breit keinen Holzvorrat! Wer hier wohnt, muss anderes Brennmaterial verwenden!«

10. Fahrt zum Hexenberg

Seht, lauter Kohlebriketts«, rief Philipp, als er den Sack geöffnet hatte, der im Schuppen vor dem Wagenrad stand.

Zwei weitere Wochen vergingen, bis die Lakritzbande auf eine neue Fährte gelockt wurde.

»Vom Holzdieb im Kranichwald fehlt jede Spur!«, las Caro an einem Dezembermorgen aus dem Morgenkurier vor, als sie von Flo unterbrochen wurde.

»Juchee, es hat über Nacht geschneit!«, rief er, als er in der Frühe am Fenster stand.

»Das ist unsere Chance! Wenn der Holzdieb sich weiterhin im Kranichwald herumtreibt, werden wir im Schnee seine Spuren finden«, fügte Philipp triumphierend hinzu.

Gleich nach dem Frühstück warf sich die Lakritzbande in die Winterklamotten und beschloss, mit der Seilbahn den Hexenberg hochzufahren. Eine Stunde später saßen Philipp, Flo und Carolin in der Gondel, die sie zur Bergstation hinaufbrachte. Sie machten eine Gipfelwanderung, und es war etwa 14.00 Uhr, als sie wieder zur Talstation hinabfuhren.

»Donnerwetter!«, entfuhr es Flo, »die Landschaft hat sich in dieser kurzen Zeit ja schnell verändert!«

»Stimmt, es gibt mehr Schneeflocken!«, scherzte Caro.

»Nein, ich meine etwas anderes!«, antwortete Flo.

   **Was meinte Flo damit?**

ıı. Der gesuchte Tannenbaum

Hier entlang!«, rief Flo und rannte den kleinen Pfad bis zur kleinen Bergkapelle hinauf, nachdem die Lakritzbande die Talstation erreicht hatte.

»Ich wette, diese Tanne stand vorhin noch nicht hier!«, war sich Flo sicher und steuerte auf die kleinste der vier Tannen zu, die links hinter der Kapelle standen.

»Recht hast du!«, pflichtete Philipp ihm bei, als er den Stamm dieser Tanne griff und feststellte, dass sie frisch abgesägt in den Schnee gestellt worden war.

»Vermutlich wurde der Holzdieb auf frischer Tat von Spaziergängern überrascht und hat die Tanne zur Tarnung einfach hier hingestellt!«

»Anzunehmen!«, meinte Caro. »Hier sind auch Fußspuren im Neuschnee. Vermutlich wird aber der einsetzende Schneefall die Spuren verwehen!«

»Lasst uns den Dieb mit einem Trick überführen!«, schlug Philipp vor und suchte einen kantigen Stein, um auf der Schnittstelle des Stammes ein Kreuz einzuritzen und es mit einem wasserfesten Stift schwarz auszumalen.

Drei Tage später musterte die Lakritzbande die Tannenbaumverkäufe von Tannenwalde.

»Volltreffer!«, rief Philipp seinen Freunden zu.

»Jetzt schnappen wir ihn uns!«, frohlockte Philipp, der die markierte Tanne wieder entdeckt hatte.

  **Wo stand die gesuchte Tanne?**

12. Flucht nach Elisenwinkel

Die Lakritzbande pirschte sich an den Tannenbaumverkäufer heran. Er hatte seine Weihnachtsbäume rechts hinter dem Verkaufsstand mit den Kerzen angeboten.

»Seht, da steht sie, die markierte Tanne!«, rief Philipp seinen Freunden zu.

»Macht, dass ihr wegkommt!«, antwortete der Tannenbaumverkäufer sogleich garstig, als sich die Lakritzbande näherte.

»Achtung, der bekommt schon kalte Füße!«, stellte Caro fest und sah, dass der Mann sich verdrückte und in der Gasse hinter seinem Verkaufsstand verschwand.

Die Lakritzbande blieb ihm auf den Fersen. Es schneite weiterhin.

»Wir haben Glück!«, bemerkte Caro, als sie das Ortsende von Tannenwalde erreichten, »die frischen Fußspuren im Schnee zeigen uns den Weg!«

Die Lakritzbande verfolgte den Holzdieb bis in das einen Kilometer entfernte Nachbardorf Elisenwinkel. Es gab hier nur wenige Häuser, und doch war sich Flo bei den vielen Fußspuren nicht sicher, in welchem Haus der Holzdieb untergeschlüpft war.

»Ganz klar, ich weiß, wo er steckt!«, meinte Caro, als sie die Spuren der gesuchten Person vom Ortseingang aus verfolgte.

  **In welchem Haus versteckte sich der Dieb?**

13. Verräterische Bastelei

Hier muss er sein!«, meinte Caro, als sie mit Philipp und Flo die Fußspuren des Täters bis zum Haus Nr. 3 verfolgt hatte.

»Psst!«, antwortete Philipp leise, als die Lakritzbande durch den Garten bis zum Eingang des Hauses schlich.

»Tatsächlich, da drinnen steckt er!«, flüsterte Flo, als er durch das Schlüsselloch der Eingangstür blinzelte.

»Jetzt wird mir alles klar!«, fuhr Flo fort, »der Kerl hat's faustdick hinter den Ohren. Er verkauft nicht nur selbst geschlagene Weihnachtsbäume, sondern verwendet das Holz aus dem Wald auch anderweitig. Ratet doch mal, woran er gerade eifrig für die kommenden Festtage bastelt!«

Was fertigte der Holzdieb?

14. Finale am Weihnachtsmarkt

Anhand der vielen Holzteile, die Flo durch das Schlüsselloch entdecken konnte, stand für ihn fest, dass der Holzdieb gerade eine Weihnachtspyramide bastelte.

Philipp verständigte sogleich über sein Mobiltelefon Kriminalkommissar Lars und Leo und wartete mit Flo und Caro so lange am Eingang des Hauses Nr. 3.

»Wo bleiben sie denn?«, fragte Flo ungeduldig und schaute auf seine Armbanduhr.

»Achtung, was war das für ein Geräusch?«, unterbrach ihn Philipp und rannte geistesgegenwärtig um das Haus herum.

»Verflixt, er ist uns durch die Terrassentür entwischt!«, rief er seinen Freunden zu. Seine Stimme wurde von einem aufheulenden Motor übertönt.

Am Gartenzaun sah die Lakritzbande gerade noch die Rücklichter eines davonfahrenden Motorrads.

Kurz danach trafen Lars und Leo ein. Gemeinsam nahmen sie die Verfolgung auf.

»Der ist mit Sicherheit hier untergetaucht!«, war Philipp überzeugt, als er und seine Freunde kurz darauf am Weihnachtsmarkt eintrafen.

»Da steht ja sein Motorrad!«, entfuhr es Philipp.

»Der Holzdieb muss ganz in der Nähe sein! Ha, ich sehe ihn. Jetzt sitzt er endgültig in der Falle!«, ergänzte Caro.

  **Wo sah Caro den Dieb?**

Der rätselhafte Spitzenkragen
I. Der Milchmann kommt

Als ich sein Motorrad hinter einem Häusereck in einer Seitengasse entdeckt hatte, war mir klar, dass der Holzdieb nicht weit sein konnte. Aber er hatte bestimmt nicht geahnt, ausgerechnet in der Kutsche des Kinderkarussells geschnappt zu werden!«, meinte Caro am Tag darauf, als sie mit ihren Freunden auf dem Weg zur Schule die Kapuzinergasse entlangging. Dort hielt gerade ein Milchwagen vor dem Haus Nr. 57. Der Fahrer lieferte zwei Flaschen Frischmilch ab. Wenig später fuhr er wieder los, allerdings dieses Mal in hohem Tempo, ohne weitere Bestellungen auszuliefern.

»Hoppla«, staunte Philipp, »der hatte es ja eilig gehabt. Da stimmt doch etwas nicht!«

   **Was war Philipp aufgefallen?**

2. Stöbern im Bücherkabinett

Für den Bruchteil einer Sekunde war sich Philipp nicht sicher gewesen, aber dann fiel es ihm wie Schuppen von den Augen: Der Milchmann, der die Ware geliefert hatte, war nicht jener gewesen, der anschließend mit dem Wagen davongefahren war. Philipp hatte bemerkt, dass er beim Herauskommen andere Schuhe getragen hatte. Schnell lief die Lakritzbande ins Haus Nr. 57. Dort entdeckte sie den wahren Milchmann ohnmächtig im Treppenflur. Zudem stand eine Wohnungstür im zweiten Stock sperrangelweit offen. Die Zimmer des dort wohnenden, aber abwesenden Professors waren offenbar durchsucht worden. Die Lakritzbande verständigte sofort Lars und Leo.

»Hier liegt ein Buch auf dem Boden«, meinte Caro.

Beim genauen Hinschauen entdeckte sie, dass das Blatt mit der Seitennummerierung 195 bzw. 196 fehlte.

»Merkwürdig«, stutzte Philipp, »ein Schmöker über ›Geheimnisvolle Kunstgeschichte‹. Was mag auf der fehlenden Seite gestanden haben?«

Für die Lakritzbande bestand kein Zweifel: Ein so seltenes Buch wie dieses, aus dem Jahre 1827, war sicher nur noch im geheimen Bücherkabinett der Staatsbibliothek zu finden. Nach Schulschluss erhielten Philipp, Flo und Caro eine Sondergenehmigung zum Einlass. Und nach längerem Suchen fand Caro tatsächlich ein gleiches Exemplar.

  **Wo steckte das gesuchte Exemplar?**

3. Das Bildnis der grünen Witwe

Ein Angestellter stieg auf eine fahrbare Trittleiter und zog das gesuchte Buch aus dem Bücherregal oben rechts neben dem alten Globus hervor. Caro hatte es am originellen Buchrücken wiedererkannt. Neugierig blätterte die Lakritzbande die Seite 195 bzw. 196 auf. Hier war vom ungelösten Rätsel eines Bildnisses die Rede. Weder war bis zum heutigen Tag bekannt, wer die sagenumwobene Witwe war, die auf dem Bildnis dargestellt war, noch hatte man bisher herausfinden können, welches Geheimnis sie mit sich trug.

»Wenn mich nicht alles täuscht, wird das Bild gerade anlässlich einer Sonderausstellung in der Kunsthalle gezeigt!«, meinte Caro.

Noch am gleichen Nachmittag betrachtete sich die Lakritzbande das rätselhafte Bild im Museum. Es war nicht datiert, trug aber die Initialen eines bisher unbekannten Malers »E.R.«.

»Pass bloß auf, dass du keinen Alarm auslöst«, meinte Caro zu Flo, der mit einer Lupe das Bild von Nahem begutachtete.

»Ich glaub mich laust der Affe«, entfuhr es ihm, »schaut einmal durch die Lupe. Im Spitzenkragen der grünen Witwe ist eine seltsame Nachricht verborgen. Und diese Botschaft hat es in sich!«

  **Welche Botschaft meinte Flo?**

4. Der Fund im Kirchenbuch

Lieber Aron Gras«, entzifferte Flo die minutiös über Kopf aneinandergereihten Buchstaben, die in dem Spitzenkragen versteckt waren.

»Aber wisst ihr, was mir noch auffällt?«, fuhr er fort, »diese Botschaft ist auch rückwärts lesbar!«

»Donnerwetter«, lobte ihn Caro.

»Sarg Nora Rebeil«, überlegte Philipp, »was könnte damit gemeint sein?«

»Die Frau wird allen Grund gehabt haben, ihren Namen zu verheimlichen, und hat ihn daher als geheime Botschaft auf der Leinwand hinterlassen!«, mutmaßte Caro.

Zurück im Taubenatelier, stöberte die Lakritzbande im Internet und stellte mit Erstaunen fest, dass es sich beim Rufnamen »Nora Rebeil« wohl um die sagenumwobene Gräfin Eleonore Rebeil handeln musste, der ein Piratenschatz angedichtet wurde.

»Daher auch die Initialen ›E.R.‹ auf dem Gemälde. Vermutlich handelt es sich bei dem Portät der Frau mit dem Spitzenkragen um ein Selbstbildnis«, warf Philipp ein.

Die Suche nach weiteren Fakten zu der grünen Witwe führte nach Marienwerder. Der dortige Gemeindepfarrer gewährte der

Lakritzbande Einblick in seine Kirchenbücher. Und tatsächlich: Die Lakritzbande wurde fündig.

»Ha, dieser Eintrag hilft uns weiter!«, frohlockte Philipp.

  **Um welchen Eintrag handelte es sich?**

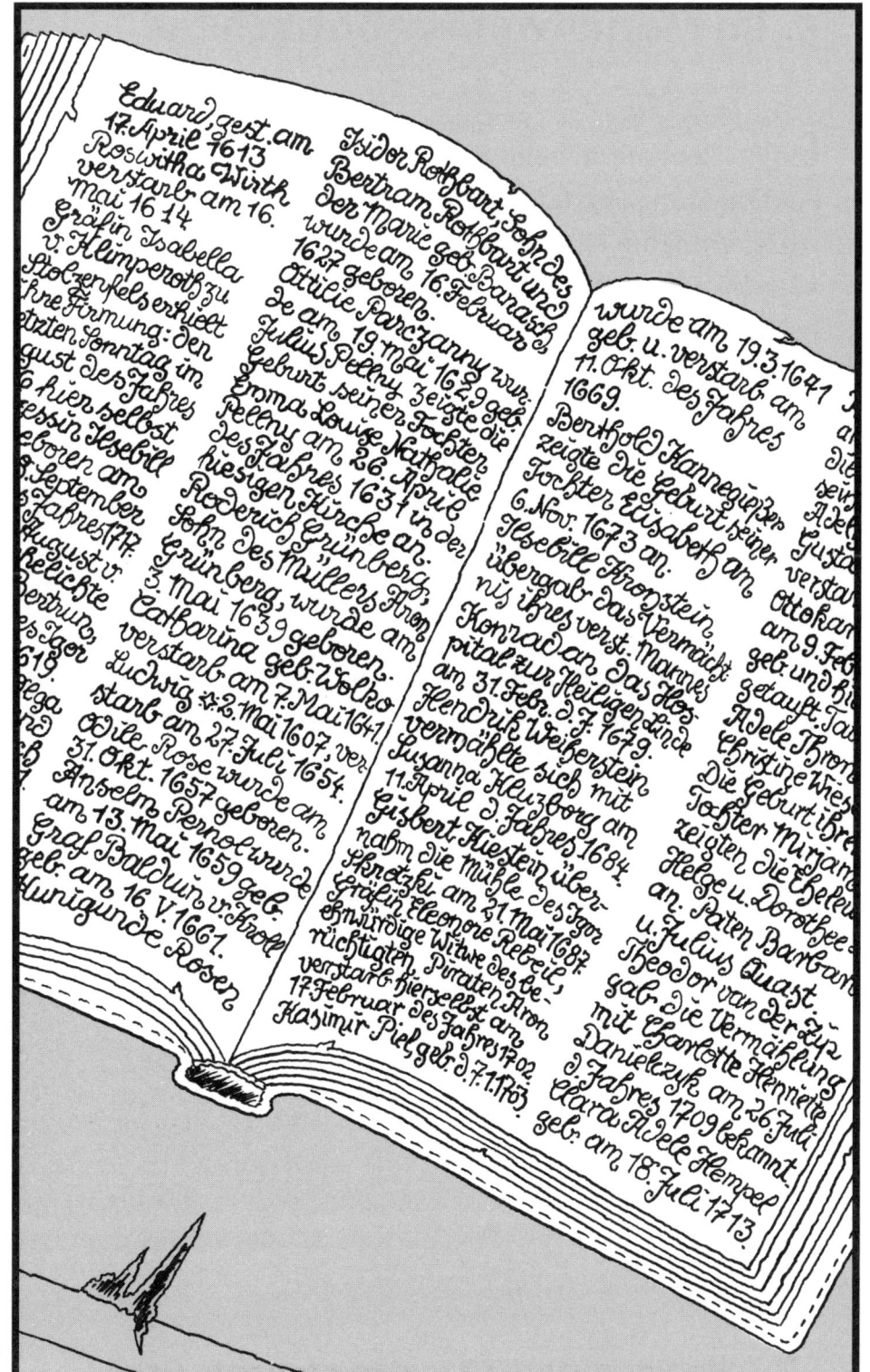

5. Im Marienwerder Gotteshaus

Gräfin Eleonore Rebeil, ehrwürdige Witwe des berüchtigten Piraten Aron, verstarb hierselbst am 17. Februar des Jahres 1702«, entnahm Philipp dem Marienwerder Kirchenbuch.

»Die Gräfin soll tatsächlich in der Seemannskirche dieses Ortes bestattet sein!«, unterbrach der Gemeindepfarrer die Lakritzbande.

»Es geht die Sage, dass kurz vor seiner Gefangennahme der Pirat Aron Gras seiner Frau einen Schatz anvertraut haben  soll. Bis heute konnte er aber nicht gefunden werden. Wäre ja allerhand, wenn ihr das Rätsel nach so langer Zeit lösen könntet!«, fuhr der Pfarrer anerkennend fort.

»Wir müssen zunächst das Grab von Eleonore Rebeil suchen«, meinte Philipp und lief den schmalen Pfad zur Seemannskirche hinab.

Philipp, Flo und Carolin betraten das kleine Gotteshaus. Sie stiegen auf den Balkon des Seitenschiffes, um von dort einen guten Überblick auf die im Boden eingelassenen Grabplatten zu haben.

»Ich denke, dort wird die geheimnisvolle Gräfin bestattet sein!«, meinte Caro.

  **Wo vermutete Caro das gesuchte Grab?**

6. Der Vorfall im Tunnel

Caros Augenmerk war auf die Grabplatte mit den Initialen »E.R.« und dem angegebenen Todesdatum gefallen, sowie auf die neunzackige Krone, das Emblem eines Grafengeschlechts. Das Grab, das sich direkt unter der geschnitzten Kanzel befand, wurde sogleich eingehend von der Lakritzbande untersucht.

»Das Grab scheint vermutlich schon jemand vor uns untersucht zu haben!«, stellte Philipp besorgt fest und wies auf die groben Einkerbungen, die wohl durch den Gebrauch eines Stemmeisens verursacht worden waren.

»Meinst du, dass das Grab tatsächlich geöffnet worden ist?«, fragte Caro.

In diesem Augenblick waren Schritte zu hören. Philipp sah gerade noch eine Person in gestreiften Hosen, die eilig das Gotteshaus verließ. Die Lakritzbande folgte dem Mann bis zum Bahnhof Marienwerder, wo er in den nächsthaltenden Zug einstieg. Von der Waggontür aus beobachtete die Lakritzbande, wie er im Speisewagenabteil Platz nahm.

»Der entkommt uns nicht!«, meinte Caro, als der Zug um 17.43 Uhr in einem Tunnel verschwand.

»Exakt zweiundzwanzig Sekunden!«, errechnete Philipp, der auf das beleuchtete Ziffernblatt seiner Armbanduhr schaute, als der Zug den Tunnel wieder verließ.

»Verflixt viel Zeit für einen Kriminalfall!«, entfuhr es Flo.

  **Was war Flo aufgefallen?**

7. Auf dem Bahnhof Kruglanken

Flo hatte bemerkt, dass eine Frau mit Matrosenmütze den Speisewagen verlassen hatte, während der Zug durch den Tunnel fuhr, und dabei wohl die Doktortasche des verdächtigen Mannes hatte mitgehen lassen.

»Was hat das denn zu bedeuten? Der Mann scheint nicht sonderlich überrascht über den Verlust seiner Tasche zu sein«, bemerkte Philipp.

»Bestimmt ein abgekartetes Spiel! Vermutlich will man uns auf eine falsche Fährte locken! Wir müssen herausfinden, was aus dem Grab in der Seemannskirche gestohlen wurde«, antwortete Caro.

Aufgrund der Geschwindigkeit des Zuges schloss die Lakritzbande aus, dass die gesuchte Frau während der Fahrt abspringen konnte.

»Da ist sie!«, rief Philipp seinen Freunden zu und meinte die Frau mit dem Matrosenhut, die in der Bahnstation Kruglanken mit ihrem Handgepäck den Zug verließ und eilig den Bahnsteig entlanglief.

»Nichts wie hinterher!«, meinte Caro und sprang vom Trittbrett des Waggons.

Obwohl die Frau sich gleich unter die Menschenmenge mischte, blieben Philipp, Flo und Caro ihr auf den Fersen. Fast hätten sie sie aus den Augen verloren, wenn Philipp sie nicht noch im rechten Augenblick erspäht hätte.

  Wo verschwand die gesuchte Frau?

8. Panne im Hinterhof

Hier in einem der Eingänge muss die Frau verschwunden sein!«, meinte Philipp, denn er war sich sicher, dass die Gesuchte hinter der Schlosserei Lipka im Hinterhof verschwunden war.

»Wir werden uns verstecken und warten, bis sie wieder aus einem der Hauseingänge herauskommt!«, schlug Flo vor und steuerte auf den Holzschuppen zu, von dem aus die Lakritzbande einen guten Überblick zu haben meinte.

 Es dämmerte bereits. Nur das schwache Licht einer Laterne erhellte den Hinterhof. Die Lakritzbande wartete gespannt, aber nichts tat sich.

»Das gibt's doch nicht!«, fluchte Caro leise vor sich hin: »Schon mehr als eine halbe Stunde ist vergangen. Wir sind vielleicht ein paar Schlafmützen. Jemand muss inzwischen den Hof überquert haben!«

  **Wieso war sich Caro so sicher?**

9. Ein Geräusch im Treppenflur

Jemand muss den Lebensmittelautomaten betätigt haben. Ich schwöre euch, das zweite Fach links oben ist in der Zwischenzeit geleert worden!«, ärgerte sich Caro.

»Psst! Ich höre etwas!«, fuhr sie fort.

Die Lakritzbande versuchte, ein merkwürdiges Geräusch zu orten.

»Los, zum Eingang dort drüben!«, rief Philipp.

Philipp, Flo und Carolin rannten zum Eingang F und betraten den offenen Treppenflur des Hauses, auf den nur spärliches Licht durch das Sprossenfenster fiel.

»Doch nur blinder Alarm! Vielleicht war es eine Ratte, die hier herumstöbert!«, meinte Flo.

»Pustekuchen, da ist wieder der Komplize aus der Seemannskirche. Habe doch gleich gedacht, dass die beiden unter einer Decke stecken!«, bemerkte Philipp.

Wo entdeckte Philipp die gesuchte Person?

10. Diebesgut aus Marienwerder

Ich dachte, Paternoster gibt es schon gar nicht mehr!«, meinte Philipp, nachdem er den Mann in diesem veralteten Fahrstuhlsystem entdeckt hatte.

Die Lakritzbande sprang sogleich auf und fuhr vier Stockwerke aufwärts.

»Der Mann muss hier drinnen verschwunden sein!«, mutmaßte Philipp und horchte an einer verschlossenen Eingangstür, hinter der er Stimmen vernahm. Ein vergilbtes Firmenschild

mit der Aufschrift »Pukorny & Sohn — Schiffszubehör« prangte neben dem Eingang.

»Psst, wir müssen schnell verschwinden! Die beiden werden uns hier sonst noch entdecken!«, flüsterte Philipp und wies auf die Abstellkammer im Flur.

»Hörst du was?«, fragte er, als Flo auf seinen Schultern stehend durch das leicht gekippte Fenster in den düsteren Büroraum blickte.

»Neee, kein bisschen!«, kam die Antwort von oben, »aber ich habe so eine Vermutung, was aus dem Grab der Seemannskirche in Marienwerder entwendet worden ist!«

  **Was vermutet Flo?**

11. Ein rätselhaftes Anagramm

Flo hatte einen Knochen im Reliquienschrein entdeckt, der neben einem Schiffsmodell auf der Kommode stand.

Flo war auch nicht entgangen, dass das Ganovenpärchen aus dem Sockel des Schreins eine vergilbte Papierrolle gezogen hatte.

»Das hätten wir schon mal«, brummte der Mann im Büro.

»Los, lies vor, was draufsteht. Ich kann es schon nicht mehr erwarten, endlich diesen sagenumwobenen Schatz zu finden!«, fuhr der Mann fort.

Seine Komplizin entrollte das geheimnisvolle Papier und las folgenden Inhalt vor:

»Alter Tim ruhet munter

Ranke — Rufe Eselgunder — Steiltonne!«

»Was soll das nun wieder? Wollen die uns auf den Arm nehmen?«, gab der Mann gereizt zurück und verfluchte die Witwe samt ihrem Piraten.

Flo horchte und gab Caro per Fingerzeichen zu verstehen, dass sie den Reim rasch aufschreiben solle. Noch ehe die Ganoven das Büro verließen, war die Lakritzbande zu Lars und Leo ins Taubenatelier geeilt, um die rätselhafte Botschaft zu entziffern.

»Dieses Anagramm hat es in sich«, meinte Leo, »aber wenn wir in jedem Wort die Buchstaben anders aneinanderreihen, erhält der Spruch einen ganz anderen Sinn!«

Welche Botschaft verbarg sich in dem Reim?

Alter Tim

ruhet munter

Ranke-

Rufe Eselgunder-

Steiltonne.

12. Beobachtung in Waldeshausen

Die Tüftelei hatte Erfolg, der Reim bekam einen neuen Sinn. Philipp, Flo und Carolin waren ganz Ohr.

»Taler mit Truhe unterm Anker — Ufer Grundelsee — Toteninsel!«, las Leo den Freunden seine Version der Botschaft vor.

»Fantastisch, damit wäre das Rätsel gelöst«, meinte Flo.

»Prima, jetzt geht's auf Schatzsuche!«, meinte Philipp. Gleich am nächsten Tag begaben sich die Freunde auf die Fahrt zum Grundelsee.

»Hoppla, da vorne fährt das Ganovenpärchen!«, rief Caro, als sie kurz vor Waldeshausen vom Zug aus die beiden auf einem vorbeifahrenden Motorrad entdeckte.

»Die sind uns wieder einmal voraus!«, ärgerte sich Flo, als die Lakritzbande nur wenige Augenblicke später den Zug verließ.

»Immerhin kennen wir das Nummernschild ihres Fahrzeugs!«, ergänzte Philipp und notierte sich eilig auf einem Notizblock »HX—372«.

»Keine Angst! Die beiden finden wir in jedem Fall wieder! Es ist doch klar, wo die hinfahren!«, antwortete Caro.

Welches Ziel hatten die beiden Ganoven?

13. Auf dem Zeltplatz

Für Caro war unmissverständlich klar, die beiden Ganoven hatten nur ein Ziel vor Augen. Sie steuerten auf ihrem Motorrad den 2 km entfernten Zeltplatz an.

»Hab ich's mir doch gedacht! Dahinten müssen sie stecken!«, äußerte Caro, als die Lakritzbande auf dem Zeltplatz eintraf und Caro das gesuchte Motorrad mit dem Kennzeichen »HX—372« entdeckte.

»Fragt sich nur, was die beiden jetzt vorhaben!«, überlegte Philipp.

»Das ist nicht zu übersehen!«, entgegnete Flo, »wir müssen auf der Hut sein. Die beiden wissen offensichtlich genau Bescheid, wo sie den Schatz zu suchen haben. Nix wie hinterher!«

Was hatte Flo beobachtet?

14. Entdeckung am Seeufer

Wir haben keine Zeit mehr zu verlieren!«, meinte Flo zu seinen
Freunden, denn ihm war die Taucherausrüstung aufgefallen,
die in dem Zelt lag, neben dem das gesuchte Motorrad stand.
Die Lakritzbande machte sich sofort auf die Suche, um als Erste
den sagenumwobenen Schatz zu orten, der irgendwo bei der
Toteninsel unweit des Seeufers verborgen sein musste.
Die Lakritzbande lief die Uferböschung entlang, als Philipp
plötzlich seine Freunde zurückhielt.

»Schaut doch, unser Ganovenpärchen ist uns schon
wieder zuvorgekommen. Sie sind auf der richtigen
Spur!«, flüsterte er Flo und Carolin zu.

  **Wo waren die beiden Ganoven?**

15. Piratenschatz gesucht!

Philipp waren die beiden Schnorchler zwischen den Schilf-
rohren im Wasser aufgefallen. Er war sicher, dass es sich um die
beiden Schatzsucher handelte, die sich dort versteckt hielten.
Vor Eintreffen der Suchmannschaft der örtlichen Polizei waren
sie natürlich bereits abgetaucht und erst einmal nicht mehr zu
sehen.

Philipp, Flo und Carolin hingegen steuerten die andere Uferböschung an. Ausgerüstet mit Schnorchel und Taucher-

brille, befanden sie sich im Wettlauf mit den beiden
Ganoven. Und sie wurden für ihren Eifer belohnt: Philipp hatte die richtige Eingebung gehabt, an der geeigneten Stelle abzutauchen. Nachdem er an der Was-
seroberfläche erneut Luft geholt hatte, verschwand auch
Flo wieder unter Wasser und konnte ebenfalls den verborgenen
Piratenschatz orten. Er gab seinen Freunden ein Zeichen, ihm
zu folgen.

  **Wo lag der Piratenschatz?**

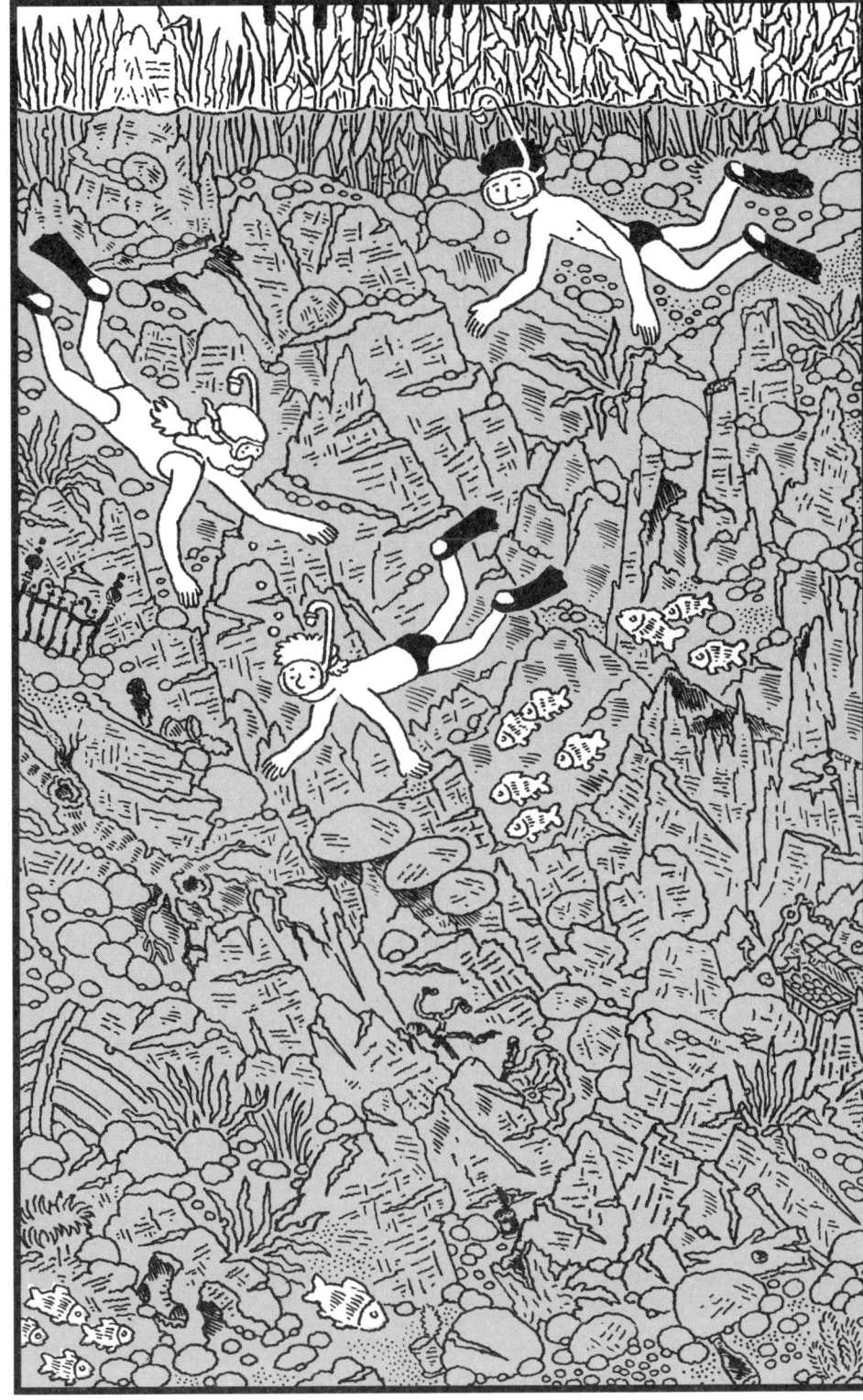

16. Treffpunkt Wassermühle

Der Piratenschatz befand sich unter dem Anker in einer Felsspalte. Es handelte sich um eine kleine Truhe, die Philipp zwischen den Steinen herauszuziehen versuchte. Da bemerkte er plötzlich, dass auch die beiden Gegenspieler auf den Schatz aufmerksam geworden waren. In unmittelbarer Nähe versteckt, observierten sie Philipp und seine Freunde, um ihnen im geeigneten Moment womöglich die Schatztruhe zu entreißen.

 Doch zwei Beamte der Ortspolizei konnten dies rechtzeitig verhindern und das Ganovenpärchen machte sich eilends aus dem Staub. Nachdem die Schatztruhe ans Tageslicht befördert worden war, konnte die Lakritzbande die beiden Banditen sogar noch mithilfe der Polizei vor einer Wassermühle stellen.

»Halt, stehen bleiben! Sie sind festgenommen!«, rief einer der Beamten energisch.

»Was wollen Sie von uns, wir haben nichts verbrochen!«, entgegnete der Mann mit unschuldiger Miene.

»Das wird sich noch rausstellen!«, flüsterte Philipp seinen Freunden zu, »aber unerlaubter Waffenbesitz dürfte für den Anfang genügen!«

  **Was hatte Philipp entdeckt?**

17. Aus dem Abendkurier

»Das Ganovenpärchen war geständig«, schrieb die Abendzeitung gemäß Polizeiprotokoll und veröffentlichte des Weiteren, dass »die Beschuldigten an der Wassermühle unweit des Grundelsees überführt werden konnten und ihr Revolver im stillgelegten Mühlenrad sichergestellt werden konnte«.

Weiter wurde berichtet, dass die Lakritzbande erfolgreich dazu beigetragen hatte, dass die Truhe mit dem sagenumwobenen Schatz gehoben und dem Bürgermeister feierlich für das Städtische Museum übergeben werden konnte.

Inhalt

Zur Person
Julian Press

Julian Press, Jahrgang 1960, studierte in Hamburg an der Fachhochschule Grafik und Illustration, hat in einem Jugendbuchverlag volontiert und war dann für Jugendzeitschriften und in einer Werbeagentur tätig. Schon bald begann er, selbst für Kinder zu schreiben und zu zeichnen. Er trat früh in die Fußstapfen seines Vaters, Autor der berühmten »Schwarzen Hand«, und begann eigene Ratekrimis und Wimmelbilder zu entwerfen. Nach längerem Aufenthalt in Brüssel lebt er heute mit seiner Frau als freier Grafiker und Autor in Hamburg. Seine sehr lebendigen interaktiven Lesungen sind bei kleinen und großen Spürnasen sehr beliebt.

Von Julian Press sind außerdem bei cbj erschienen:
Finde den Täter! — Operation Goldenes Zepter
Finde den Täter! — Tatort Krähenstein
Finde den Täter! — Der Fluch des schwarzen Schützen
Finde den Täter! — Aktion gelber Drache
Finde den Täter! — Geheimbund rote Koralle
Finde den Täter! — Das Geheimnis der schwarzen Dschunke
Finde den Täter! — Jagd auf Dr. Struppek
Finde den Täter! — Die Schatzkarte von Lilienstein
Finde den Täter! — Der Dieb im Saurierpark
Finde den Täter! — Spuk in der Fledermausgrotte